INTRODUCTION

Pour réussir n'importe quel examen, il faut de l'entraînement et pour s'entraîner il faut des supports !

Les annales corrigés sont rares et difficiles à trouver, j'ai donc décidé de créer un ouvrage qui vous sera de la plus grande aide pour passer cette épreuve écrite.

Vous aurez ici 60 questions d'annales entièrement corrigées afin que vous puissiez faire le point et savoir où vous en êtes.
J'ai sélectionné les questions sur les thèmes qui sont les plus récurrents.

Mais pas que !

J'y également ajouté des questions plus rares et difficiles afin de vous entraîner au mieux.

Pour progresser, je vous conseille non seulement de traiter toutes les questions mais aussi de faire des recherches personnelles lorsque vous bloquez sur l'une d'elle.

L'idée c'est de traiter le plus grand nombre de questions avant de passer l'examen et évidemment d'espérer tomber dessus le jour J.

Alors n'hésitez pas à bien en faire le tour afin d'avoir bien toutes les réponses en tête.

À vous de jouer maintenant !

QUESTIONS DE 1 À 20

1 À quoi correspond, au niveau du cycle cardiaque : l'onde P, l'espace PR, le complexe QRS, l'onde T, l'espace ST et l'espace QT ?

2 Définissez la notion d'intervalle libre. Quelle est la complication à redouter ?

3 Vous devez réaliser un gaz du sang pour un patient. Vous êtes accompagné d'une étudiante infirmière qui n'a jamais fait ce soin et elle vous demande de lui expliquer les étapes.
Que lui dites-vous ?
Elle vous demande ensuite de lui donner les normes du bilan que vous avez fait. Que lui répondez-vous ?

4 Remplissez le schéma suivant :

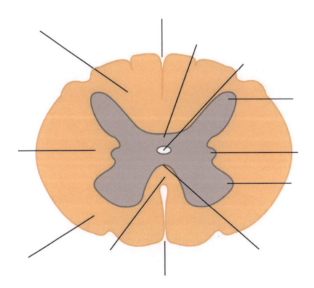

5 Citez les douze paires de nerfs crâniens.

6 Citez et décrivez les 3 échelles d'auto-évaluation de la douleur chez l'adulte.

QUESTIONS DE 1 À 20

7 Vous êtes dans la rue, quand soudain, vous voyez un homme d'une cinquantaine d'années s'écrouler au sol. Après une brève analyse de la situation, vous concluez que l'homme est en arrêt cardio-respiratoire.
Décrivez vos actions jusqu'à l'arrivée du SAMU, en détaillant particulièrement l'étape de la RCP.

8 Vous accueillez Mr A victime d'un AVP, il présente une fracture du fémur fermée, sa pression artérielle est de 87/43 et son pouls de 130. Selon vous, qu'est-ce qui pourrait expliquer cette tachycardie ?
Donnez 2 hypothèses possibles et argumentez-les.

Le médecin vous propose de remplacer son Ringer par un Voluven.
Expliquer sa demande.

9 Remplissez le schéma suivant :

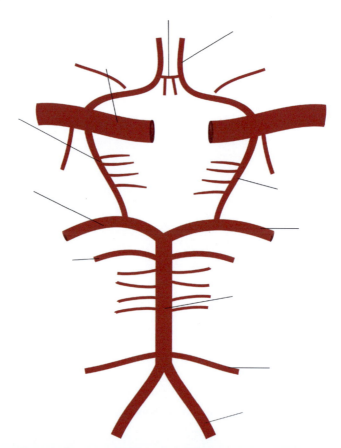

QUESTIONS DE 1 À 20

10 Citez 10 signes cliniques et/ou paracliniques d'une embolie pulmonaire.

11 Citez les 3 temps de l'hémostase et définissez-les.
Quels facteurs permettent la transformation de la prothrombine en thrombine ?

12 Définissez cristalloïde. Quels sont les types de cristalloïde qui existent ? Définissez chacun d'eux et donnez un exemple pour chaque type.

13 Complétez le texte suivant par un ou plusieurs mots.

*Les plaquettes sont produites dans .... par les ....
Un tiers des plaquettes sont stockés dans ...., les deux tiers restants sont .... et renouvelées de 10% à 15% par ....
Les plaquettes jouent un rôle majeur dans .... et représentent 30% à 40% de la .... normale.
La norme est de ....*

14 Évoquez 10 signes de gravité clinique et paraclinique d'une crise d'asthme.

15 Vrai ou Faux (thème pharmacologie) :
☐ L'atropine est un parasympathique
☐ La phényléphrine est un sympathomimétique
☐ La néostigmine est un parasympathomimétique
☐ L'éphédrine est un parasympatholytique

16 Vrai ou Faux (thème pharmacologie) :
☐ Le nubain est un agoniste pur
☐ La codéine est un agoniste partiel
☐ Le valsartan est un antagoniste
☐ La morphine est un agoniste pur

17 Vrai ou Faux (thème choc) :
☐ Le choc septique est un choc distributif
☐ Il y a une vasoplégie importante dans le choc septique
☐ Une tachycardie importante chez un patient faisant un choc anaphylactique contre-indique l'utilisation d'adrénaline
☐ Le choc anaphylactique est un choc quantitatif

QUESTIONS DE 1 À 20

18 Vrai ou Faux (thème femme enceinte) :
☐ Mettre une femme enceinte en décubitus latéral droit est bénéfique
☐ La CRF diminue chez la femme enceinte
☐ La fréquence respiratoire diminue chez la femme enceinte
☐ La fréquence cardiaque est augmentée chez la femme enceinte

19 Vrai ou Faux (thème pédiatrie) :
☐ Un score d'apgar à 6 est un score normal
☐ Un nouveau-né est considéré en arrêt cardiaque s'il a une fréquence cardiaque inférieure à 80
☐ Le score d'apgar s'évalue une seule fois à la naissance
☐ Après la naissance, la circulation cardiaque du nouveau-né s'inverse

20 Quelles sont les causes réversibles d'un arrêt cardiaque ?

RÉPONSES DE 1 À 20

1
- L'onde **P** correspond à la contraction des oreillettes (dépolarisation auriculaire)
- L'espace **PR** : Reflète le temps de conduction auriculo-ventriculaire
- L'onde **QRS** à la contraction des ventricules (dépolarisation ventriculaire)
- L'onde **T** à la repolarisation des ventricules
- L'espace **ST** : Reflète le temps de repolarisation des ventricules
- L'espace **QT** : Reflète le temps de systole ventriculaire

2 L'intervalle libre est une période de conscience normale, entre une perte de connaissance initiale et une perte de connaissances avec apparition de signes neurologique.

La complication à redouter est l'apparition d'un hématome extra dural.

3 **Réalisation d'un gaz du sang :**
- Vérifier l'identité du patient et la prescription médicale
- Vérifier l'absence de contre-indication
- Vérifier le consentement du patient
- Relever et noter la température et l'apport en oxygène du patient
- Utilisation d'un patch d'emla (1h30 avant le geste) si possible
- Se laver les mains à l'eau et au savon ou avec un gel hydro-alcoolique antiseptique
- Le prélèvement se fait avec des gants non stériles
- Repérer l'artère
- Rechercher les contre-indications locales (lésion cutanée, infection, atteinte artérielle, fistule)
- Réalisation du test d'allen
- Détersion du point de ponction avec un antiseptique (en 4 temps)
- Piquer avec un angle de 30° à 45°
- Prélever de 1.5 à 3 ml de sang avec la seringue à gaz du sang
- Retirer l'aiguille puis effectuer une compression pendant 5 min (et jusqu'à l'arrêt du saignement) ou comprimer 10 min si traitement antiagrégant ou anticoagulant. Faire un pansement compressif.
- Si le patient le peut, lui expliquer de signaler l'apparition de signes anormaux à type de douleur, d'hématome, de saignements ou de fourmillements dans la main.

	Normes
PH	7,38 à 7,42
PCO2	38 à 42 mmHg
PO2	80 à 100 mmHg
Bicarbonates	22 à 26 mmol/l
CO2	25 à 27 mmol/l
SaO2	94 à 100%

RÉPONSES DE 1 À 20

4

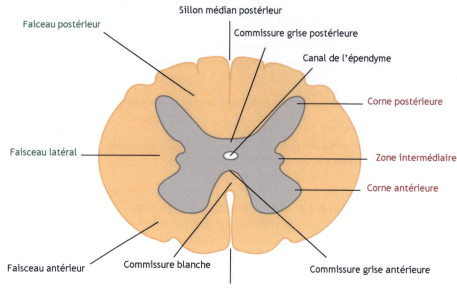

5
Nerf I : nerf olfactif
Nerf II : nerf optique
Nerf III : nerf oculomoteur, ou moteur oculaire commun
Nerf IV : nerf trochléaire ou pathétique
Nerf V : nerf trijumeau
Nerf VI : nerf abducens ou moteur oculaire externe,
Nerf VII : nerf facial
Nerf VIII : nerf auditif
Nerf IX : nerf glossopharyngien
Nerf X : nerf vague ou nerf pneumogastrique
Nerf XI : nerf accessoire ou nerf spinal
Nerf XII : nerf hypoglosse ou nerf grand hypoglosse

RÉPONSES DE 1 À 20

6 Voici les 3 échelles d'auto-évaluation de la douleur chez l'adulte :

EVA : échelle visuelle analogique. Elle se présente sous la forme d'une ligne droite allant de l'absence de douleur à la douleur la plus extrême. Le patient place un curseur entre ses deux extrémités pour ainsi jauger l'intensité de sa douleur.

EN : échelle numérique. Permets au patient de côté sa douleur en y associant un nombre de 0 à 10.
0 étant l'absence de douleur et 10 une douleur insupportable.

EVS : échelle visuelle simple. Permets au patient de hiérarchiser sa douleur grâce à un qualificatif.

Douleur absente, douleur faible, douleur modérée, douleur intense, douleur extrêmement intense.

7 À partir du moment ou j'ai déterminé que l'homme étant en arrêt cardio-respiratoire il faut :
- Demander de l'aide aux passants s'il y en a
- Libérer les voies aériennes
- Appeler le 15 et demander aux personnes présentes d'aller chercher un défibrillateur semi-automatique (DAE) et le mettre en place
- Débuter la RCP en notant l'heure début (elle doit se faire sans interruption jusqu'à l'arrivée sur SAMU)
- Dans le même temps si une autre personne est présente elle doit basculer la tête en arrière pour ouvrir les voies aériennes supérieures
- La RCP doit se faire à un rythme de 30 compressions suivies de 2 insufflation
- La prise du pouls sera faite toutes les deux minutes, ainsi qu'un changement de personne pour la ventilation / MCE
- Adapter sa prise en charge en fonction du DAE (rythme choquable ou rythme non choquable)
- Si un proche du patient est présent, lui demander s'il connaît ses ATCD
- Éliminer les causes réversibles (nourriture dans la bouche, choc anaphylactique à un produit...)
- Continuer la RCP jusqu'à la reprise d'une ventilation spontanée efficace et une reprise d'un rythme cardiaque ou jusqu'au relais de l'équipe du SAMU.

RÉPONSES DE 1 À 20

RCP :
- Sur un plan dur
- Talon de la main placé sur le centre du thorax de la victime
- Les compressions sont effectuées à une fréquence de 100-120 par minute, avec une dépression de 4 à 5 cm du sternum (⅓ du sternum)
- Les temps de compression et de décompression doivent être approximativement égaux
- 30 compressions pour 2 insufflations en ne faisant que les compressions si personne ne sait réaliser les insufflations ou si on est seul
- Ne pas arrêter les compressions et se remplacer toutes les 2 min si possible pour garder l'efficacité des compressions

8 Mr A est victime d'une AVP avec fracture fermée.
On sait que la fréquence cardiaque augmente progressivement dès 10 % de perte de volume sanguin ce qui en fait le premier signe d'alerte d'une hypovolémie.
L'hypotension est plus tardive. On suppose donc que la perte sanguine commence à être significative.
L'hypovolémie ici pourrait se traduire par une perte de sang importante au niveau de la fracture de Mr A.
On considère également la douleur du patient qui a certainement un impact sur l'augmentation de sa fréquence cardiaque.
La fracture étant située au niveau d'un os long, il faut envisager que le patient puisse faire une embolie graisseuse qui se traduit en partie par l'augmentation de la fréquence cardiaque.

Le Ringer est un cristalloïde alors que le Voluven est un colloïde.
Dans la prise en charge d'une hypovolémie majeure et à fortiori d'un choc hypovolémique (ou choc hémorragique) il est recommandé d'effectuer un remplissage au cristalloïde dans un premier temps, puis une utilisation de colloïdes pour favoriser l'expansion volémique.
Tout cela en maintenant un objectif de tension.

RÉPONSES DE 1 À 20

9

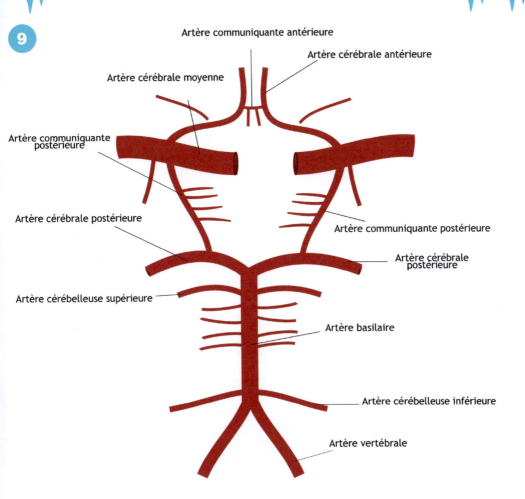

10 Voici 10 signes d'une embolie pulmonaire :
- Douleur thoracique
- Toux
- Dyspnée à type de tachypnée
- Hémoptysie
- Tachycardie
- Hyperthermie
- Turgescence jugulaire
- Signes de thrombose veineuse profonde
- Augmentation des D-dimères
- Augmentation des BNP

RÉPONSES DE 1 À 20

11 Les 3 temps de l'hémostase sont :

L'hémostase primaire : c'est l'ensemble des mécanismes qui vont permettre la formation du clou plaquettaire (3 à 5 min).

La coagulation plasmatique : c'est la formation d'un caillot fibrino-plaquettaire insoluble (5 à 12 min).

La fibrinolyse : c'est la dégradation du caillot (45 à 72h). C'est l'adjonction au facteur Xa du facteur Va qui va permettre, par l'intermédiaire de la prothrombinase, de transformer la prothrombine en thrombine.

12 Cristalloïde : solutés micromoléculaires qui agissent essentiellement par le biais de l'osmolalité.

Il existe des solutés :
- **Isotonique** : soluté dont l'osmolarité est proche de celle du sang comme le nacl 0,9%
- **Hypotonique** : soluté dont l'osmolarité est plus basse que celle du sang comme le Glucose 2,5%
- **Hypertonique** : soluté dont l'osmolarité est plus haute que celle du sang comme le Nacl 10%

13 *Les plaquettes sont produites dans* **la moelle osseuse** *par les* **mégacaryocytes.** *Un tiers des plaquettes sont stockés dans* **la rate**, *les deux tiers restants sont* **libres** *et renouvelées de 10% à 15% par* **jour**.
Les plaquettes jouent un rôle majeur dans **l'hémostase** *et représentent 30% à 40% de la* **coagulation** *normale.*
La norme est de **150 000 à 400 000 / mm3**.

14 Signes cliniques et paracliniques de gravité de la crise d'asthme :

Signes cliniques :
- Crise d'évolution rapide
- Présence de wheezing (respiration sifflante expiratoire)
- Tachypnée > 35/min
- Tachycardie, Hypertension
- Agitation, cyanose, sueur
- Incapacité à parler
- Signes de lutte
- Hypercapnie et SPO2 en air ambiant < 90%

Signes paracliniques :
- Débit expiratoire de pointe < 120 L/min

RÉPONSES DE 1 À 20

15 Vrai ou faux (thème pharmacologie) :
- ☒ L'atropine est un parasympathique FAUX
- ☑ La phényléphrine est un sympathomimétique VRAI
- ☑ La néostigmine est un parasympathomimétique VRAI
- ☒ L'éphédrine est un parasympatholytique FAUX

16 Vrai ou faux (thème pharmacologie) :
- ☒ Le nubain est un agoniste pur FAUX
- ☑ La codéine est un agoniste partiel VRAI
- ☑ Le valsartan est un antagoniste VRAI
- ☑ La morphine est un agoniste pur VRAI

17 Vrai ou faux (thème chocs) :
- ☑ Le choc septique est un choc distributif VRAI
- ☑ Il y a une vasoplégie importante dans le choc septique VRAI
- ☒ Une tachycardie importante chez un patient faisant un choc anaphylactique contre-indique l'utilisation d'adrénaline FAUX
- ☒ Le choc anaphylactique est un choc quantitatif FAUX

18 Vrai ou faux (thème femme enceinte) :
- ☒ Mettre une femme enceinte en décubitus latéral droit est bénéfique FAUX
- ☑ La CRF diminue chez la femme enceinte VRAI
- ☒ La fréquence respiratoire diminue chez la femme enceinte FAUX
- ☑ La fréquence cardiaque est augmentée chez la femme enceinte VRAI

19 Vrai ou faux (thème pédiatrie) :
- ☒ Un score d'apgar à 6 est un score normal FAUX
- ☑ Un nouveau-né est considéré en arrêt cardiaque s'il a une fréquence cardiaque inférieure à 80 VRAI
- ☒ Le score d'apgar s'évalue une seule fois à la naissance FAUX
- ☑ Après la naissance, la circulation cardiaque du nouveau-né s'inverse VRAI

20 Voici les causes réversibles d'un arrêt cardiaque, règle des **4H** et **4T** :

4H	4T
Hypoxie	**T**hrombose
Hypovolémie	Pneumo**T**horax
Hypothermie	**T**amponnade
Hypo-hyperkaliémie	**T**oxique

QUESTIONS DE 21 À 40

21 Citez 4 familles de médicament utilisé comme antihypertenseurs et donnez un exemple pour chacun d'eux.

22 Remplissez le schéma suivant :

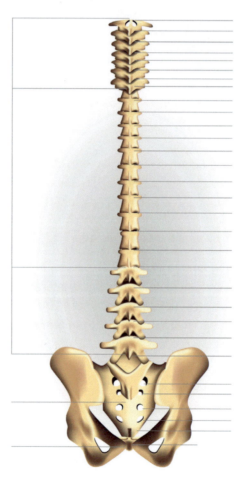

23 Vous devez réaliser une transfusion de culot globulaire à Mme E ce matin. Décrivez la procédure à partir du moment où vous avez récupéré le culot de sang jusqu'à sa pose.

QUESTIONS DE 21 À 40

24 Mr R. est hospitalisé dans votre service en réanimation. Le médecin vous prescrit des médicaments à passer en pousse seringue électrique.
- Midazolam à 15mg/h. Vous avez des ampoules de 50mg dans 10ml.
- Sufentanil à 10µg/h. Vous avez des ampoules de 50µg dans 5ml.
- Lasilix à 20 mg/h. Vous avez des ampoules de 250 mg dans 25 ml.

Vous ne disposez que de seringues de 50ml et de flacons de 20 ml de NACL.

Expliquez comment vous préparer ces différentes seringues, donnez le débit auquel vous les mettez. Vos seringues doivent passer en 10h.

25 Vous devez préparer (sur prescription médicale) des solutés de réhydratation pour deux patientes.
- Mr. L doit recevoir 500ml de ringer en 10h
- Mme P doit recevoir 800ml de Nacl en 12h

Calculez le débit en ml/min et en gouttes/min de ces perfusions.

26 Quelle est la surveillance clinique et paraclinique d'un patient sous Lasilix® ?

27 Vous devez réaliser une transfusion chez Mr X ce matin. Vous débutez cette transfusion et au bout de 10 minutes Mr X se plaint de douleurs lombaires soudaines.
À quoi pensez-vous ?
Cherchez-vous d'autres signes ? Si oui lesquels ?
Que faites-vous ?

28 Expliquez la différence entre les colloïdes et les cristalloïdes et donnez 2 exemples de solutés pour chacune des catégories.
Peut-on effectuer un remplissage avec un G5% ? Pourquoi ?

29 Expliquez ce qu'est un effet shunt et un effet espace mort.
Qu'est-ce que l'espace mort anatomique et quel est son volume chez un adulte de 70kg ?

30 Indiquez les classes thérapeutiques des médicaments suivant :

Médicaments	Classe thérapeutique
Nicardipine	
Céfazoline	
Atropine	
Warfarine	
Propranolol	
Midazolam	
Zophren	

31 Donnez les signes cliniques de la déshydratation extracellulaire.

32 Donnez les antidotes des médicaments suivant :

Médicaments	Antidotes
Anti-vitamine-K	
Paracétamol	
Benzodiazépine	
Bêtabloquants	
Morphine	

33 Citez le nom des artères qui irriguent le myocarde.
À quel moment perfusent-elles le cœur ?

34 Quelles règles sont à respecter pour la pose d'une VVP ?

35 Remplissez le schéma suivant :

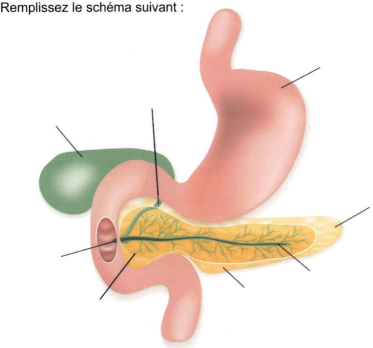

36 Citez les surveillances que vous devez effectuer pour un patient ayant un plâtre à l'avant-bras droit.

37 Qu'est qu'un HNF ? Quelle est son indication principale et sous quelle(s) forme(s) peut-il être administré ? Quel est son antidote ? Quel examen biologique permet de surveiller sa bonne utilisation ?

38 Quelles sont les différentes fonctions du foie ?

39 Donnez la définition et les signes de l'hypercapnie.

40 Citez les mesures à mettre en place dans le cadre d'un isolement gouttelette.

RÉPONSES DE 21 À 40

21 Voici 4 familles d'antihypertenseurs et un exemple pour chacun d'eux :
- Les diurétiques : Aldactone
- Les bêtabloquants : Aténolol
- Les inhibiteurs calciques : Amlor
- Les inhibiteurs de l'enzyme de conversions : Coversyl

22

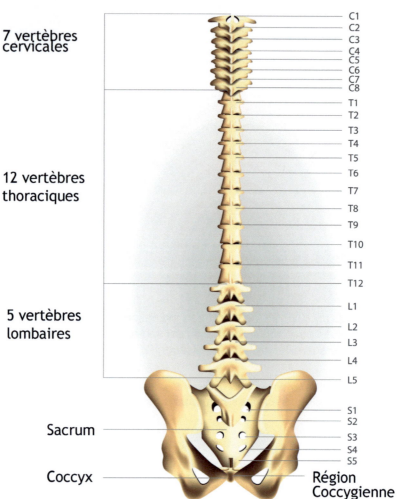

23

Contrôle de concordance d'identité du patient entre :
- Le patient (nom, prénom, date de naissance)
- La carte de groupe sanguin
- Vérification de la présence de RAI négatif de moins de 72h (le cas échéant, en référer au médecin)
- La prescription médicale
- La fiche de délivrance nominative du produit à transfuser

Contrôle de concordance de groupe sanguin entre :
- La carte de groupe sanguin
- La fiche de délivrance nominative du produit à transfuser
- L'étiquette du produit sanguin labile.

Contrôle de concordance de l'identification du PSL entre :
- Le numéro d'identification du produit sanguin labile
- La fiche de délivrance nominative du produit à transfuser.

Contrôle du produit :
- Nombre de produit reçu
- Contrôle de la nature du produit et de sa conformité à la prescription
- Aspect et intégralité
- Date de péremption
- Température

Contrôle du patient :
- Voie veineuse dédiée à la transfusion et fonctionnelle
- Prise des paramètres vitaux du patient de référence (fréquence cardiaque, tension artérielle, fréquence respiratoire, température), relever diurèse ainsi que la coloration
- Noter l'état clinique du patient avant transfusion (couleur de peau, conscience, douleur)
- Matériel présent et disponible pour toute la durée de la transfusion (transfuseur spécifique, tensiomètre, thermomètre, feuille de traçabilité et de surveillance avec le dossier de transfusion)

Contrôle ultime au lit du patient :
- Effectué le contrôle ultime au lit du patient juste avant de transfuser le culot

RÉPONSES DE 21 À 40

24

J'ai trois médicaments à passer en pousse-seringue électrique, dans des seringues de 50ml.
- Midazolam à 15 mg/h. Vous avez des ampoules de 50 mg dans 10 ml.
- Sufentanil à 10µg/h. Vous avez des ampoules de 50µg dans 5 ml.
- Lasilix à 20 mg/h. Vous avez des ampoules de 250 mg dans 25 ml.

Pour le midazolam :

J'ai des ampoules de 50 mg dans 10 ml.
Si je prends 3 ampoules, j'ai donc 150 mg dans 30 ml, que je ramène à 50ml avec du sérum physiologique.
J'obtiens donc une seringue de 150 mg dans 50 ml soit 3 mg/ml.

En mettant cette seringue à vitesse 5 ml/h on obtient donc la concentration voulue de 15 mg/h.

Pour déterminer l'heure de fin de la seringue on pose $\frac{50}{5}$ = 10h.

À cette vitesse, la seringue se terminera bien dans 10h.

Pour le sufentanil :

J'ai des ampoules de 50 µg dans 5 ml.
Si je prends 2 ampoules, j'ai donc 100µg dans 10 ml, que je ramène à 50 ml avec du sérum physiologique.
J'obtiens donc une seringue de 100 µg dans 50 ml soit 2 µg/ml.

En mettant cette seringue à vitesse 5 ml/h on obtient donc la concentration voulue de 10 µg/h.

Pour déterminer l'heure de fin de la seringue on pose $\frac{50}{5}$ = 10h.

À cette vitesse, la seringue se terminera bien dans 10h.

Pour le lasilix :

J'ai des ampoules de 250 mg dans 25 ml. Soit 10 mg par ml.
Si je prélève 20 ml de cette ampoule, j'ai 200 mg que je ramène à 50ml avec du sérum physiologique.
J'obtiens donc une seringue de 200 mg dans 50 ml soit 4 mg/ml.

En mettant cette seringue à vitesse 5 ml/h on obtient donc la concentration voulue de 20 mg/h.

Pour déterminer l'heure de fin de la seringue on pose $\frac{50}{5}$ = 10h.

À cette vitesse, la seringue se terminera dans 10h

> *Pour mieux comprendre : Si on vous demande de passer des seringues en un temps déterminé, vous devez en premier lieu savoir à combien vous allez remplir votre seringue pour ensuite connaître la vitesse. Vous adaptez enfin votre concentration en fonction. L'idée est de faire l'exercice "à l'envers".*

RÉPONSES DE 21 À 40

25

Je dois passer des solutés de réhydratation pour deux patientes.
- Mr. L doit recevoir 500 ml de ringer en 10h
- Mme P doit recevoir 800 ml de Nacl en 12h

Pour Mr. L :

On veut savoir quel sera le débit en ml/min et en gouttes/min.
Il doit recevoir 500 ml de ringer en 10h.
Pour savoir combien de ml passe en une heure on pose $\frac{500}{10} = 50$.
On doit donc passer 50ml/heure

Le débit en ml/min sera donc de $\frac{50}{60} = 0,8$.

Le débit en ml/min est donc 0,8 ml/min.

On sait que 1ml = 20 gouttes. Pour connaître le débit en gouttes/min on pose :
0,8 x 20 = 16.

Le débit en gouttes/min est de 16 gouttes/min.

Pour Mme P :

On veut savoir quel sera le débit en ml/min et en gouttes/min.
Elle doit recevoir 800 ml de ringer en 1h.
Pour savoir combien de ml passe en une heure on pose $\frac{800}{12} = 66,6$.
On arrondit au plus proche soir 67 ml/heure.

Le débit en ml/min sera donc de $\frac{67}{60} = 1,11$.

Le débit en ml/min est donc 1,11 ml/min, arrondit au plus proche on mettra un débit de 1ml/min.

On sait que 1ml = 20 gouttes. Pour connaître le débit en gouttes/min on pose :
1 x 20 = 20.

Le débit en gouttes/min est de 20 gouttes/min.

26

Surveillance clinique du lasilix :
- Diurèse
- Pression artérielle et pouls
- Pli cutané et soif (déshydratation)
- Diarrhée et vomissements (signe de troubles hydro-électrolytiques)
- Absence de signes d'allergie

Surveillance paraclinique du lasilix :
- Surveillance biologique : Un ionogramme sanguin pour évaluer la fonction rénale (créatinémie)
- Doser la kaliémie, la natrémie, l'acide urique, la glycémie

RÉPONSES DE 21 À 40

27 Les douleurs lombaires dans le cas d'une transfusion sanguine peuvent être signe d'une hémolyse sanguine. Dans tous les cas, c'est un signe de mauvaise tolérance à la transfusion.

Je recherche pour confirmer ou pas cette idée :
- Frissons, hyperthermie
- Chute de pression artérielle
- Tachycardie
- Pâleur
- Angoisse / altération de la conscience
- Douleurs
- Signes respiratoires
- Signes digestifs
- Urticaire

Les actions à réaliser sont :
- Arrêter la transfusion et conserver le culot
- Alerter le médecin
- Maintenir l'abord veineux grâce un cristalloïde
- Vérifier le groupe du produit sanguin, la carte de groupe du patient et son identité
- Effectuer une surveillance rapprochée des paramètres vitaux
- Traiter les symptômes
- Signaler l'incident à l'EFS et à l'hémovigilance et revérifier les concordances patient/documents/PSL.

28 **Les cristalloïdes** sont des solutions à particules ioniques, sans macromolécules. Ils ont un pouvoir d'expansion volémique faible.
Le NaCl 0,9 % et le glucose 5 % sont deux cristalloïdes.

Les colloïdes sont des macromolécules et à ce titre sont des solutés de choix dans le remplissage vasculaire.
Le gélofusine et le plasmion sont deux colloïdes.

Non, on n'effectue pas de remplissage au G5% car, les mouvements d'eau se font en fonction du sodium pour créer un équilibre. Le G5% n'en contenant que très peu, il va immédiatement aller dans le secteur intracellulaire. Au final, le remplissage (qui a pour but de remplir le secteur extracellulaire) aura été inefficace.

29 **Effet espace mort :** Zone correctement ventilée, mais non perfusée.

Effet shunt : Zone correctement perfusée, mais non (ou mal) ventilée. Il peut être physiologique ou pathologique.

L'espace mort anatomique est une zone anatomique étant correctement ventilée, mais non perfusée (bronche, trachée et voies aériennes supérieures). Pour un adulte de 70 kg, l'espace mort physiologique est d'environ 150 ml.

RÉPONSES DE 21 À 40

30

Médicaments	Classe thérapeutique
Nicardipine	Inhibiteur des canaux calciques
Céfazoline	Antibiotique (beta lactamine)
Atropine	Antispasmodique
Warfarine	Anti-vitamine k
Propranolol	Bêtabloquant
Midazolam	Benzodiazépine
Zophren	Antiémétique

31 Donnez les signes cliniques de la déshydratation extracellulaire
- Signe du pli cutané
- Hypotension artérielle orthostatique, puis de décubitus avec tachycardie compensatrice réflexe
- Aplatissement des veines superficielles, dont la jugulaire externe en position allongée
- Oligurie avec concentration des urines en cas de réponse rénale adaptée à l'hypovolémie
- Sécheresse de la peau dans les aisselles
- Soif
- Diminution de poids modéré

32

Médicaments	Antidotes
Anti-vitamine-K	Vitamine K
Paracétamol	N'Acétylcystéine
Benzodiazépine	Flumazénil
Bêtabloquants	Glucagon
Morphine	Naloxone

33 Les artères qui irriguent le myocarde sont :
- L'artère coronaire droite
- L'artère coronaire gauche ou tronc commun, qui se sépare en artère circonflexe et artère interventriculaire

Elles perfusent le coeur au moment de la diastole.

Pour poser une VVP, il faut :
- Vérifier l'identité du patient
- Informer et recueillir le consentement du patient, dans la mesure du possible (En cas de refus, en informer le médecin prescripteur)
- Connecter les tubulures, rampes de robinets, prolongateur à la perfusion et les purger
- Installer le patient confortablement
- Poser le garrot
- Procéder à un lavage de mains antiseptique
- Lavage antiseptique au niveau du site de pose
- Mettre des gants
- S'installer dans une position adéquate
- Pose de la VVP avec fixation adaptée, puis brancher un soluté.

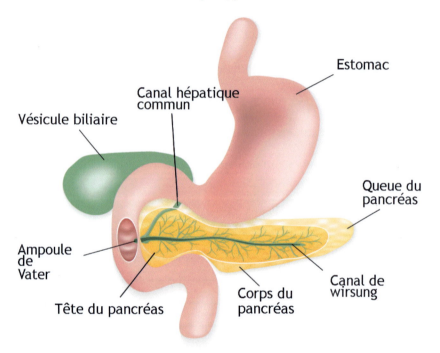

Les surveillances d'un plâtre sont :
- Chaleur des doigts
- Couleur (si cyanose, retirer en urgence)
- Douleur → signe d'alerte (trop serré, douleur pulsatile, plaie sous le plâtre, phlébite)
- Oedème
- Formation d'un œdème ou augmentation de volume → compression
- Odeur : constitution d'une plaie ou d'une escarre sous plâtre
- Fourmillements + perte de sensibilité → compression vasculo-nerveuse.

RÉPONSES DE 21 À 40

37 L'héparine non fractionnée est un anticoagulant qui inhibe l'action des facteurs IIa et Xa.

Ses indications principales sont l'anticoagulation à titre curatif (en cas de thrombose par exemple) et l'anticoagulation à titre prévention (en cas d'alitement prolongé par exemple). Il peut être administré par voie intraveineuse ou sous-cutanée.

L'antidote est la protamine.

Le bilan biologique de surveillance doit comprendre une héparinémie, un dosage du TP et du TCA, les plaquettes et l'activité anti-Xa.

38 **Le foie à cinq fonctions majeures**
- Fonction exocrine : sécrétion biliaire
- Fonction métabolique : glucides, lipides et protides
- Fonction de détoxification
- Fonction de stockage : vitamines et fer
- Fonction de synthèse : albumine, toutes les globines, facteurs de coagulation.

39 **L'hypercapnie** est l'augmentation de la pression partielle en CO_2 (ou dioxyde de carbone) dans le sang à une valeur supérieur à 42 mmHg.

Signes de l'hypercapnie :
- Céphalées
- Astérixis
- Somnolence pouvant aller jusqu'à la perte de connaissance
- Désorientation
- Confusion
- Hypertension artérielle et tachycardie
- Vasodilatation cutanée
- Hypercrinie (sueurs, hypersialorrhée, encombrement).

40 Mesures à mettre en place pour un isolement gouttelettes
- Friction avec la solution hydroalcoolique des mains
- Port du masque chirurgical
- Port de gants
- Port d'un tablier
- Chambre en isolement
- Limiter les déplacements du patient
- Faire porter un masque chirurgical au patient.

QUESTIONS DE 41 À 60

41 Remplissez le schéma suivant :

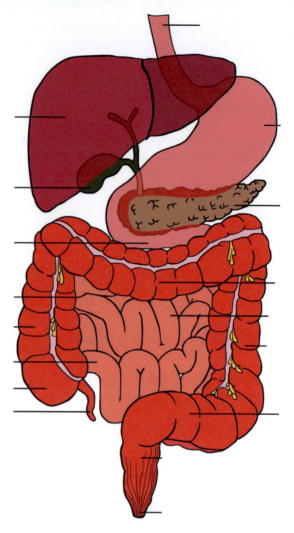

42 Madame B. rentre pour pneumopathie dans votre service. Aujourd'hui vous débutez les antibiotiques. Quinze minutes après Mme B. se plaint de sensation de chaleur, de dysphonie et vous dit qu'elle n'arrête pas de se gratter au niveau du torse. Elle vous montre en effet un rash cutané.

À quoi pensez-vous ?
Que faites-vous ? Détaillez votre prise en charge.
Que redoutez-vous ?
La patiente se stabilise et évolue favorablement, que lui conseillez-vous par la suite?

QUESTIONS DE 41 À 60

43 Donnez en mililitre la quantité approximative que peut saigner :
- Une fracture de l'avant-bras
- Une fracture du fémur
- Une fracture du bassin
- Une rupture de la rate
- Une lésion du foie

44 Un patient est hospitalisé dans votre service de réanimation depuis 3 semaines. Le médecin évoque que ce patient souffre d'un sepsis.
- Quels signes peuvent évoquer un sepsis ?
- Quelles sont les surveillances cliniques à mettre en place ?
- Que faut-il rechercher et par quel moyen ?
- Quel est le traitement de première intention ?

45 Quelles peuvent être les pathologies entraînant une douleur abdominale ? Répondez en les classant selon qu'elles soient présentes au niveau (3 réponses attendues par zone) :
- De l'hypocondre droit
- De l'hypocondre gauche
- De l'épigastre
- Des fosses iliaques

46 Quel est l'algorithme de prise en charge de l'arrêt cardiaque chez un enfant de 7 ans ?
(commencez à expliquer à partir du moment ou vous avez déterminé que l'enfant était en arrêt et arrêtez-vous à la pose du défibrillateur).

47 Vous vous occupez d'un patient sortant de votre service de chirurgie dans la journée.
Au moment vous allez le voir en chambre pour lui remettre ses papiers de sortie, le patient est assis et a des difficultés à articuler. Il ne semble pas pouvoir bouger son bras droit. Que suspectez-vous ?
Donnez-en une définition.
Le médecin vous dit n'être disponible que dans 10 minutes, expliquez votre prise en charge immédiate par votre rôle propre ou sur protocole.

48 Vous travaillez en service de soins intensifs quand un patient scopé, se met à fibriller. Vous n'avez qu'un défibrillateur manuel monophasique avec des palettes.
Où positionnez-vous les palettes ?
À combien de joule doit-il être réglé pour le premier choc ?
Quel est le risque principal d'un défibrillateur monophasique ?

49 Remplissez le schéma suivant :

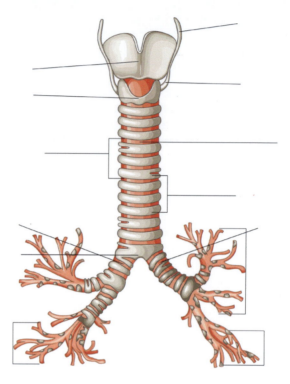

50 Vrai ou faux (thème transfusion) :
☐ Des RAI supérieurs à 72h peuvent être valables sous certaines conditions
☐ Des RAI positifs contre-indiquent toutes transfusions
☐ L'injection de gammaglobulines anti-D est proposée systématiquement aux femmes enceintes de rhésus négatif
☐ Le groupe sanguin d'un patient peut changer au cours de sa vie

51 Vrai ou faux (thème traumatisme) :
☐ Un polytraumatisé est considéré comme ayant un traumatisme du rachis jusqu'à preuve du contraire
☐ En cas de suspicion de fracture du bassin, le sondage urinaire est contre-indiqué
☐ En cas de suspicion de traumatisme du rachis le respect de l'axe tête-cou-tronc est à respecter systématiquement
☐ Un cliché normal du rachis exclut une lésion de la moelle épinière

QUESTIONS DE 41 À 60

52 Vrai ou Faux (thème situation d'urgence) :
☐ En cas d'asystolie, le défibrillateur est l'indication principale
☐ Dans le choc anaphylactique, si la pression artérielle ne remonte pas après plusieurs injections d'adrénaline, le traitement de choix devient la noradrénaline
☐ Dans le choc anaphylactique, en cas de traitement par bêtabloquant on peut utiliser du glucagon pour les antagoniser
☐ Lors de l'arrêt cardiaque chez l'enfant, la place de la ventilation est plus importante que chez l'adulte

53 Vrai ou Faux (thème neuro) :
☐ La PPC (pression de perfusion cérébrale) dépend de la PAM (pression artérielle moyenne) et de la PIC (pression intracrânienne)
☐ Pour certaines valeurs de PIC, la PPC s'autorégule malgré des variations de PAM
☐ L'hypercapnie a un effet vasoconstricteur cérébral
☐ La capnie n'a aucun rôle dans la variation du débit sanguin cérébral

54 Vrai ou Faux (thème cardio) :
☐ Le syndrome coronarien aigu (SCA) est une ischémie aiguë myocardique
☐ L'ECG n'est pas l'examen diagnostique de première intention
☐ En cas de SCA, le traitement de choix est la fibrinolyse
☐ Le SCA entraîne quasi systématiquement un choc cardiogénique

55 Vrai ou Faux (thème score) :
☐ Le score de Glasgow n'est utilisé que dans les traumatismes crâniens
☐ Le score de silverman est un score qui permet d'estimer la douleur chez l'enfant
☐ Le score de NIHSS possède 7 items
☐ On peut utiliser l'EVA chez l'enfant

56 Définissez pneumothorax. Donnez-en les signes cliniques.
Citez deux traitements du pneumothorax, dont un, dans le cadre de l'urgence (pneumothorax mal toléré par le patient).

QUESTIONS DE 41 À 60

57 Vous recevez aujourd'hui les résultats partiels d'un bilan sanguin demandé pour Mr. X, hospitalisé dans votre service. Dites pour chacun d'eux s'ils sont normaux, inférieurs ou supérieurs à la normale.
Pour les valeurs anormales, donnez un exemple de ce qui peut signifier ces modifications.

Globule blanc	15 000 / mm3	
Lymphocyte	38%	
Monocyte	15%	
Plaquette	178 gigas/L	
TP	80%	
D-dimères	1,2 mg/ml	
Po2 (artériel)	60 mmHg	
Lactate	5 mmol/L	

....
....
....
....

58 Citez 4 signes cliniques d'acidocétose diabétique. Expliquez brièvement sa physiopathologie.

59 Citez 3 manifestations cliniques d'une hypertension portale.
Quelle pathologie est le plus fréquemment à l'origine d'une hypertension portale ?

QUESTIONS DE 41 À 60

60 Pour chaque soin, dites s'il dépend du rôle propre, du rôle sur prescription ou sur protocol, du rôle sur prescription avec un médecin pouvant intervenir à tout moment en cochant la case associée.

	Rôle propre	Prescription médicale ou protocole	Sur prescription avec un médecin pouvant intervenir à tout moment
Gaz du sang			
Deuxième injection de médicaments dans un cathéter péridurale			
Ablation de Voie centrale			
Pose de dispositifs d'immobilisation			
Ventilation au masque			

RÉPONSES DE 41 À 60

41

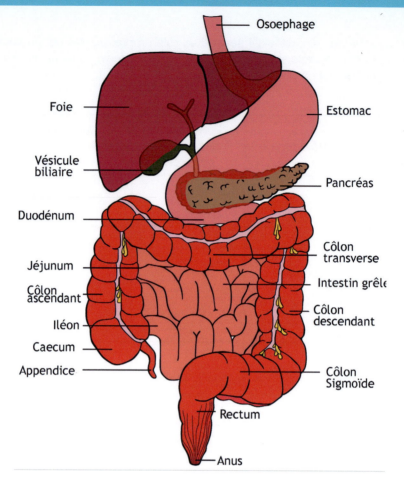

42 Au vu des signes présents et du faible temps qui s'est écoulé depuis la pose de l'antibiotique on pourrait en premier lieu penser à une réaction allergique.

Prise en charge :
- Il faut immédiatement alerter le médecin et prévenir une collègue de rapprocher de quoi prendre les paramètres vitaux ainsi que le chariot d'urgence.
- Prise rapprocher de la pression artérielle, le pouls et la saturation en O2
- Mettre la patiente sous O2 6L
- Pose d'une voie veineuse (deux si aggravation) efficace avec remplissage vasculaire au cristalloïde
- Rechercher d'éventuels signes d'aggravations (instabilité hémodynamique, bronchospasmes, oedèmes au niveau de la sphère ORL, troubles respiratoires, apparition d'une cyanose et de marbrures)
- Doser les tryptases entre 30 minutes et 2 heures après l'apparition des premiers symptômes puis un deuxième dosage 24 heures après

RÉPONSES DE 41 À 60

Dans la situation actuelle, nous redoutons une aggravation vers un choc anaphylactique.

Il serait important pour la patiente d'effectuer un test cutané 4 à 6 semaines après la réaction, afin de déterminer l'origine de cette probable anaphylaxie.

43

Les fractures suivantes peuvent saigner environ :
- une fracture de l'avant-bras : 50 ml à 400 ml
- une fracture du fémur : 300 ml à 2000 ml
- une fracture du bassin : 500 ml à 5000 ml
- une rupture de la rate : 1500 ml à 2000 ml
- une lésion du foie : 1500 ml à 2000 ml

44

Les signes cliniques d'un sepsis sont :
- Hyperthermie ou hypothermie avec frissons
- Des marbrures
- Tachycardie et hypotension
- Dyspnée à type de tachypnée
- Altération de l'état de conscience

Surveillances cliniques à mettre en place :
- Surveillance de la température
- Prise du pouls et prise de la pression artérielle
- Prise de la saturation en O2
- Évaluer l'état de conscience du patient
- Évaluer sa fréquence respiratoire
- Évaluer l'état de conscience

Il faut rechercher la bactérie à l'origine de ce sepsis. Pour cela on prélève des hémocultures, on effectue un ECBU et on met en culture tout site pouvant être infectieux (cathéter central ou plaie chirurgicale par exemple).

Le traitement de première intention est la mise en route précoce d'une antibiothérapie.

45

Pathologie entraînant une douleur au niveau :
- De l'hypocondre droit : Colique hépatique, cholécystite, hépatite
- De l'hypocondre gauche : Rupture de la rate, infarctus splénique, pancréatite
- De l'épigastre : Ulcère gastrique, pancréatite, infarctus du myocarde
- Des fosses iliaques : Occlusion, appendicite, grossesse extra-utérine, torsion ovarienne

46. À partir du moment où j'ai déterminé que l'enfant était en arrêt cardio-respiratoire l'algorithme est le suivant :
- 5 insufflations initiale
- Si possible, déterminer la cause de l'arrêt cardio-respiratoire
(au cas où c'est une cause réversible)
- Débuter les compressions thoraciques avec la ventilation en respectant l'algorithme suivant : 15/2, 15 compressions pour 2 insufflations
- Le rythme doit être de 100 à 120/min (en effectuant les pressions à une ou deux mains sur la partie inférieure du sternum)
- Minimiser au maximum toute interruption
- Pose du défibrillateur

47. Le patient semble faire un AVC au vu des quelques signes évoqués.
AVC : Présence de sang au niveau du parenchyme cérébral avec ou sans irruption dans l'espace méningé. Un AVC peut être hémorragique ou ischémique.

Prise en charge immédiate :
- Prévenir le médecin
- Placer le patient dans une position adaptée (PLS si inconscient, ici le patient sera plutôt assis)
- Évaluer s'il y a présence de signes neurologiques (troubles de la conscience, recherche d'une hémiplégie, bouche déviée)
- Si trouble de la conscience il faut effectuer une glycémie capillaire
- Mettre le patient sous oxygène
- Évaluer sa conscience et vigilance à l'aide d'une échelle adaptée (Glasgow/NIHSS)
- Effectuer une surveillance rapprochée des paramètres vitaux (pouls, pression artérielle, saturation, fréquence respiratoire)
- Pose de voie veineuse périphérique
- Rapprocher le matériel d'urgence
- Surélever le membre supérieur concerné par une hémiplégie à l'aide d'un coussin.

48. Il faut positionner les palettes à droite du sternum sous la clavicule et à gauche à l'apex du coeur.
Pour le premier choc, avec un défibrillateur monophasique, il faut régler la puissance sur 360 Joule.
Le risque majeur du défibrillateur monophasique est le risque de lésion myocardique.

RÉPONSES DE 41 À 60

49

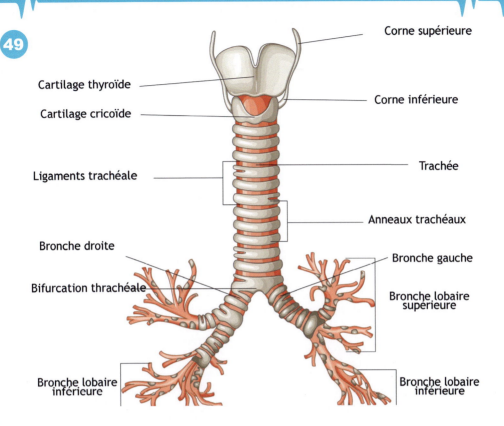

50 Vrai ou faux (thème transfusion) :

☑ Des RAI supérieurs à 72h peuvent être valables sous certaines conditions VRAI

☒ Des RAI positifs contre-indiquent toutes transfusions FAUX

☑ L'injection de gammaglobulines anti-D est proposée systématiquement aux femmes enceintes de rhésus négatif VRAI

☑ Le groupe sanguin d'un patient peut changer au cours de sa vie VRAI

51 Vrai ou faux (thème traumatisme) :

☑ Un polytraumatisé est considéré comme ayant un traumatisme du rachis jusqu'à preuve du contraire VRAI

☑ En cas de suspicion de fracture du bassin, le sondage urinaire est contre indiqué VRAI

☑ En cas de suspicion de traumatisme du rachis le respect de l'axe tête-cou-tronc est à respecter systématiquement VRAI

☒ Un cliché normal du rachis exclut une lésion de la moelle épinière FAUX

RÉPONSES DE 41 À 60

52 Vrai ou faux (thème situation d'urgence) :
☒ En cas d'asystolie, le défibrillateur est l'indication principale FAUX
☑ Dans le choc anaphylactique, si la pression artérielle ne remonte pas après plusieurs injections d'adrénaline, le traitement de choix devient la noradrénaline VRAI
☑ Dans le choc anaphylactique, en cas de traitement pas B-bloquant on peut utiliser du glucagon pour les antagoniser VRAI
☑ Lors de l'arrêt cardiaque chez l'enfant, la place de la ventilation est plus importante que chez l'adulte VRAI

53 Vrai ou faux (thème neuro) :
☑ La PPC (pression de perfusion cérébrale) dépend de la PAM (pression artérielle moyenne) et de la PIC (pression intracrânienne) VRAI
☑ Pour certaines valeurs de PIC la PPC s'autorégule malgré des variations de PAM VRAI
☒ L'hypercapnie a un effet vasoconstricteur cérébral FAUX
☒ La capnie n'a aucun rôle dans la variation du débit sanguin cérébral FAUX

54 Vrai ou faux (thème cardio) :
☑ Le syndrome coronarien aigu (SCA) est une ischémie aiguë myocardique VRAI
☒ L'ECG n'est pas l'examen diagnostique de première intention FAUX
☒ En cas de SCA, le traitement de choix est toujours la fibrinolyse FAUX
☒ Le SCA entraîne systématiquement un choc cardiogénique FAUX

55 Vrai ou faux (thème score) :
☒ Le score de Glasgow n'est utilisé que dans les traumatismes crâniens FAUX
☒ Le score de silverman est un score qui permet d'estimer la douleur chez l'enfant FAUX
☒ Le score de NIHSS possède 7 items FAUX
☑ On peut utiliser l'EVA chez l'enfant VRAI

56 Le pneumothorax est défini par la présence d'air dans l'espace pleural, cavité située entre les plèvres pariétale et viscérale. Il peut être d'origine spontanée ou traumatique.

Suspicion clinique :
- La douleur thoracique: pleurale, constante, parfois violente en «coup de poignard», à type de point de côté, inhibant la respiration, irradiant à l'épaule, unilatérale. Elle survient le plus souvent au repos.

RÉPONSES DE 41 À 60

- La dyspnée est souvent associée, d'intensité variable selon le terrain sous-jacent.
- Signe de lutte, saturation en oxygène < 90% en air ambiant.
- Tachycardie.
- Hémithorax distendu.
- Une toux sèche d'origine pleurale est fréquente.
- À l'examen physique: tympanisme, abolition des vibrations vocales, diminution ou disparition du murmure vésiculaire du côté du pneumothorax.

Le traitement de première intention dans l'urgence est l'exsufflation.
Le drainage pleural est un autre traitement du pneumothorax.

Globule blanc	15 000 / mm3	augmenté
Lymphocyte	38%	normal
Monocyte	15%	augmenté
Plaquette	178 gigas/L	normal
TP	80%	normal
D-dimères	1,2 mg/ml	augmenté
Po2 (artériel)	60 mmHg	diminué
Lactate	5 mmol/L	augmenté

Concernant l'augmentation des globules blancs et des monocytes, une infection peut expliquer ces augmentations.

La diminution de la Po2 et l'augmentation des lactates, suggère respectivement, une hypoxie et une souffrance tissulaire.

L'augmentation des D-dimères est le résultat de la dégradation de la fibrine. Cela pourrait évoquer une thrombose veineuse comme une embolie pulmonaire.

L'augmentation des lactates signe une souffrance tissulaire souvent en corrélation avec une baisse d'oxygène.

Voici 4 signes cliniques d'acidocétose diabétique :

- La polypnée est un signe fondamental (on note l'odeur caractéristique d'acétones exhalées ou l'odeur de pomme)
- La déshydratation globale avec ses signes
- L'hypothermie
- Les signes digestifs sont fréquents (nausées et/ou vomissements)

RÉPONSES DE 41 À 60

Chez le patient diabétique, l'absence d'insuline entraîne la mise en route de la voie de secours pour procurer aux organes l'énergie nécessaire à son fonctionnement (s'il n'y a pas d'insuline, on retrouve une hyperglycémie, mais le transport jusqu'aux cellules ne se fait pas).

Pour trouver de l'énergie, après avoir épuisé les voies de secours (les réserves hépatiques), le corps va débuter la lipolyse. Ce qui va libérer des corps cétogénique.

Des corps cétogéniques étant des acides forts ils vont déséquilibrer le PH ce qui entraîne une acidose métabolique. Le patient est alors en acidocétose diabétique.

59 Voici 3 manifestations cliniques d'une hypertension portale :

- Circulation veineuse collatérale abdominale
- Splénomégalie : elle est présente dans 30 à 50% des cirrhoses
- Les varices oesophagiennes

C'est la cirrhose qui est le plus fréquemment à l'origine d'une hypertension portale.

60

	Rôle propre	Prescription médicale ou protocole	Sur prescription avec un médecin pouvant intervenir à tout moment
Gaz du sang		X	
Deuxième injection de médicaments dans un cathéter péridurale		X	
Ablation de Voie centrale			X
Pose de dispositifs d'immobilisation			X
Ventilation au masque	X		

Vous avez une question ou un retour à faire sur cet ebook ?
N'hésitez pas a me contacter via cet email :

laprepaiade@gmail.com

Rejoignez-nous sur le groupe Facebook si vous avez des questions, des éléments que vous n'avez pas compris ou des points que vous souhaitez approfondir.
Si vous avez l'envie d'échanger et partager vos connaissances, vous êtes les bienvenues !

www.facebook.com/La-Prépa-Concours-IADE
www.instagram.com/mika_prepaconcoursiade

Vous vous posez des questions sur le concours ?
Le financement ? Les livres à avoir ?
J'ai pris le temps de tout détailler et expliquer sur mon site pour vous guider au mieux dans cette épreuve, n'hésitez donc pas à venir le parcourir.

www.prepaconcoursiade.com

Ce livre est protégé par un copyright, toute reproduction ou revente est absolument interdite sous peine de poursuite judiciaire.

Printed in France by Amazon
Brétigny-sur-Orge, FR